AF509815

M. FOSSEYEUX

INSPECTEUR PRIMAIRE HONORAIRE

OFFICIER DE L'UNIVERSITÉ

CHEVALIER DE LA LÉGION D'HONNEUR

DÉCÉDÉ A SENS

DANS SA QUATRE-VINGT-UNIÈME ANNÉE

LE 11 AOUT 1887

SENS

IMPRIMERIE CHARLES DUCHEMIN

M. DCCC. LXXX. VII.

M. FOSSEYEUX

DISCOURS

Prononcé a ses Obsèques par M. GIRARD,

ancien inspecteur primaire

de l'arrondissement de sens,

le 12 aout 1887.

MESSIEURS,

Comme successeur et comme ami de M. Fosseyeux, je croirais manquer doublement à mon devoir si je m'abstenais de lui adresser ici un dernier adieu.

Il me semble que, pour faire l'éloge de cet homme de bien, je n'ai qu'à rappeler simplement devant vous les principales circonstances de sa vie toute pleine d'enseignements & de bons exemples ; c'est là, je crois, le plus beau tribut d'hommages que je puisse rendre à sa mémoire vénérée.

4

M. Fosseyeux Pierre-Louis-Laurent est né à Noyers, département de l'Yonne, le 10 février 1807. Après avoir, vers l'âge de quinze ans, commencé ses études classiques au petit collège qui existait alors dans sa ville natale, il alla les terminer à celui de Tonnerre, dont il fut pendant quatre ans un des élèves les plus distingués.

A vingt ans, en 1827, il est reçu bachelier, & quelques mois après, le 20 novembre de la même année, il est chargé de la direction des classes élémentaires au collège de Châteauroux. Dès le commencement, il sut gagner la confiance de ses chefs ; aussi, au bout de trois ans, fut-il appelé avec avancement à la chaire de quatrième au collège de Clamecy. C'est là qu'ardent professeur & déjà pédagogue consommé, il se fit apprécier comme il méritait de l'être ; c'est là qu'il révéla ce qu'il devait être toute sa vie. Là, en effet, son enseignement fut si remarqué, ses aptitudes professionnelles le firent juger si favorablement que, dès 1837, le ministre Salvandy le nommait inspecteur des écoles primaires du département de l'Aube. Ainsi, à trente ans, il était déjà chargé de l'inspection d'un département tout entier. On était alors au début de l'institution des inspecteurs primaires ; la loi de 1833, bien que votée depuis quatre ans, recevait à peine un commencement d'application ; on peut donc dire que tout était à faire, qu'il avait tout à organiser. Le jeune inspecteur ne fut pas au-dessous de sa tâche ; par son zèle, son activité incessante, ses capacités vraiment rares, il justifia de tous points le choix dont il avait été l'objet.

A Troyes & dans le département, on parle encore de lui avec une profonde admiration ; on y sent même encore, après un demi-siècle, la puissante impulsion qu'il a donnée à l'enseignement. On y pratique encore les méthodes qu'il inaugurait dans ses inspections et dans ses conférences aux instituteurs. Ce que l'on appelle aujourd'hui « enseignement nouveau » date de son temps ; ces procédés, cette méthode dite « intuitive » que l'on vante maintenant comme un progrès tout particulier de notre époque & même des dernières années qui viennent de s'écouler, eh bien, M. Fosseyeux les recommandait aux instituteurs & aux institutrices de l'Aube, il y a de cela quarante à cinquante ans. J'en avais déjà entendu parler, mais j'ai été tout heureux d'en trouver la preuve en parcourant hier un résumé des conférences qu'il faisait en 1844 et 1845, dans l'arrondissement de Bar-sur-Aube. Ainsi donc, dans ce temps-là, on n'était pas aussi routinier que se plaisent à l'affirmer de nos jours les détracteurs des maîtres d'autrefois, & ce qu'aujourd'hui l'on nous montre comme une nouveauté n'est le plus souvent qu'une réédition ou plutôt un plagiat des doctrines de nos savants mais modestes devanciers.

Je n'ai pas l'intention de retracer ici tout ce que fit M. Fosseyeux dans l'accomplissement de ses délicates et pénibles fonctions. Sa carrière a été si longue & si brillamment remplie que, si je voulais parler de tout le bien qu'il lui a été donné d'accomplir pendant ses quarante-six années de services, j'aurais trop de choses à dire, & cela m'entraînerait beaucoup trop loin.

Je rappellerai d'abord par suite de quelles circonstances il a été amené du département de l'Aube dans celui de l'Yonne, & me bornerai à nommer les divers postes qu'il a successivement occupés dans ces deux départements.

La loi de 1850 ayant réorganisé le service de l'inspection primaire & ayant décidé qu'il y aurait désormais un inspecteur dans chaque arrondissement, il resta chargé uniquement de la circonscription de Troyes. Mais cette innovation dura peu. Au bout de quatre ans, en 1854, une loi nouvelle supprima tous les inspecteurs primaires des chefs-lieux de département, dont les fonctions furent confiées aux inspecteurs d'Académie. Cette mesure obligea alors M. Fosseyeux à quitter immédiatement la ville de Troyes, où il était très aimé & où il laissa les plus vifs regrets. Pour se rapprocher de sa famille & de ses intérêts, il demanda & obtint le poste d'Avallon, qui était vacant, & où, un mois après sa nomination, il était promu à la première classe.

Enfin, quatre ans plus tard, en 1858, on rétablit les choses à peu près en l'état où elles avaient été pendant la période de 1850 à 1854, & on remit des inspecteurs primaires dans les chefs-lieux de département ; mais en même temps on supprima la circonscription d'Avallon, qui fut réunie à celle de Tonnerre. Il fut donc encore une fois obligé de solliciter un autre poste. A ce moment il aurait pu retourner à Troyes, où il avait laissé tant de sympathies, & où il aurait été accueilli avec une véritable joie par ses anciens chefs & par ses anciens subordonnés ; il en eut tout d'abord la pensée, mais des raisons de famille le déterminèrent à rester dans l'Yonne. C'est alors que, sur sa demande, il fut appelé à Sens, où il termina sa carrière d'inspecteur, en 1873.

Ce qu'il fut dans cet arrondissement, vous le savez tous, Messieurs. Il fut ce qu'il avait été partout ailleurs, à Châteauroux et à Clamecy, à

Troyes comme à Avallon, l'homme du devoir par excellence.

Ayant à stimuler le zèle des autres, il crut que ce qu'il avait de mieux à faire, c'était de joindre l'exemple au précepte ; aussi le souvenir de son activité est-il, pour ainsi dire, resté légendaire parmi tous ceux qui l'ont vu à l'œuvre comme inspecteur.

Je ne puis pas, cela est évident, passer en revue toutes les qualités qui distinguèrent cette nature d'élite. Esprit fin et cultivé, érudit même, ce qui ne l'empêchait pas d'être très modeste, il avait en lui une âme vraiment élevée et accessible aux plus nobles sentiments. Le fonds de son caractère était la justice, accompagnée d'une excessive bonté. Nul ne sait combien de faiblesses, de fautes même, il prit sur lui de pardonner, combien de dévoyés il remit en secret dans le bon chemin. Les instituteurs sénonais qui ont eu la bonne fortune d'exercer sous son intelligente & paternelle direction n'ont point oublié ce qu'il fit pour eux pendant les quinze années durant lesquelles il fut à leur tête. Grand est le nombre de ceux qu'il a ramenés au bien par ses sages conseils, ses encouragements & ses exhortations toujours fermes sans jamais cesser d'être bienveillantes. Ils sont nombreux aussi, ceux dont il a assuré l'avenir en les initiant *lui-même* aux meilleurs procédés d'enseignement, car dans ce cas, comme toujours, il n'hésite point à payer de sa personne & à appuyer ses instructions de son propre exemple. Toujours animé d'un véritable feu sacré, il ne connaît ni repos ni ménagements pour lui-même, et comme il veut implanter à tout prix dans l'Yonne ses méthodes déjà inaugurées dans l'Aube, on le voit souvent faire la classe lui-même, revenant dix & cent fois à la charge, jusqu'à ce qu'enfin les plus récalcitrants soient convaincus.

Voilà l'inspecteur dans les écoles & dans les conférences ; voilà celui que j'appellerai le directeur des maîtres. Voyons maintenant l'administrateur.

En toutes choses il s'inspire des sentiments de la justice & de l'équité la plus parfaite. Il ne prend aucune décision sans en avoir auparavant bien envisagé, bien pesé tous les motifs et toutes les conséquences. Jamais il ne fait rien à la légère. Ses appréciations sont toujours justes & toujours exactes, car à une profonde connaissance des hommes & des choses, il joint un jugement très sûr & par-dessus tout une loyauté & une droiture sans égales. Tout le monde a vu avec quel tact & quelle mesure il savait distribuer l'éloge ou le blâme, en un mot comment il savait traiter chacun suivant son mérite.

Fonctionnaire intègre dans toute l'acception du mot, les recommandations, d'où qu'elles viennent, n'ont aucune prise sur lui ; il ne veut se plier devant aucune influence, quelle qu'elle soit ; aucune considération politique ne le touche ; la voix de la justice & de l'impartialité est la seule qu'il entende ; avec lui, jamais de compromis, jamais de ces honteuses capitulations de conscience, si fréquentes de nos jours.

Maintenant, Messieurs, voulez-vous que je vous dise où il puisait tous ces sentiments de justice et de noble indépendance ? Ah ! il n'est pas nécessaire d'aller chercher bien loin pour cela. M. Fosseyeux, vous le savez, a toujours eu une foi profonde ; il était chrétien : voilà tout son secret.

Ce que l'on connaît peut-être le moins dans sa vie, c'est la considération dont ses supérieurs l'honoraient. Trop modeste pour en parler lui-même, il n'a sans doute jamais dit à personne combien ses chefs le tenaient en haute estime ; et pourtant il aurait bien eu le droit d'en être fier. Je viens de parcourir une partie de sa correspondance privée, et je suis encore profondément ému des témoignages de sympathie qu'il recevait de toute part ; des préfets, des recteurs, des ministres même lui adressèrent maintes fois les éloges les plus flatteurs.

Du reste, ce qui montre quel cas l'administration supérieure d'alors faisait de lui, c'est la rapidité de son avancement et l'éclat des distinctions honorifiques dont ses services furent récompensés. Dès 1840, en effet, il était nommé Officier d'Académie, & l'année suivante, en 1841, Officier de l'Université. Mais une autre récompense, plus insigne encore, lui était réservée. En 1857, le 12 août, il y a par conséquent trente ans aujourd'hui même, il était nommé Chevalier de la Légion d'honneur. Or jamais, je puis le dire, je n'ai vu croix de Chevalier resplendir plus brillante que celle qui fut placée sur la poitrine de ce brave et digne citoyen.

De tels honneurs n'ont pas de quoi surprendre quand on connaît & ceux qui les ont décernés & celui qui les a reçus. Dans un temps où le vrai mérite était toujours reconnu & récompensé, l'administration qui donnait elle-même l'exemple de la justice, de l'honnêteté, de toutes les vertus en un mot, ne pouvait pas faire moins envers un serviteur modèle comme l'a toujours été M. Fosseyeux.

A cette occasion, vous vous demandez sans

doute, Messieurs, pourquoi les honneurs militaires, auxquels il avait droit en sa qualité de Chevalier de la Légion d'honneur, n'ont point été rendus aujourd'hui à sa dépouille mortelle. Je vous dois, à cet égard, une courte explication. Par un sentiment qui l'honore plus que je ne saurais le dire, c'est lui-même qui les a refusés. Voici, en effet, quelles ont été ses dernières intentions relativement à ses obsèques :

« Ceci est ma volonté formelle. Je déclare ici refuser le piquet d'honneur auquel j'ai droit comme Légionnaire au jour de mes funérailles, s'il doit s'arrêter au seuil de l'église, & ne pas assister au service qui y sera célébré. Cela blesserait mes croyances religieuses. Fait à Sens, le 8 décembre 1884. Signé : FOSSEYEUX. »

On ne peut assurément que louer celui qui parle ainsi. C'est là le langage d'un homme d'honneur, en même temps que d'un vrai chrétien.

Dans ce trop long discours j'ai parlé aussi rapidement qu'il m'a été possible de tous les grands événements de sa vie. Je devrais donc m'arrêter ; cependant je ne crois pas pouvoir me dispenser d'ajouter encore un mot.

Si quelques jours de joie ont embelli le cours de sa longue existence, d'un autre côté les épreuves, comme vous le savez tous, ne lui ont point

été épargnées. En 1865 et 1866, il a été frappé
coup sur coup dans ses affections les plus chères.
Dans l'espace de huit mois, il a perdu successivement sa mère, puis son épouse bien-aimée, &
ensuite sa fille et son gendre, qui lui laissaient
trois petits orphelins à élever. Il y avait là, dans
tous ces deuils, de quoi réduire au désespoir
l'âme la mieux trempée, & il est bien permis de se
demander comment il a pu survivre à de pareils
coups. Eh bien, c'est encore dans sa foi et dans
le fond de son cœur de chrétien qu'il trouve
le courage & la résignation nécessaires pour sup-
porter sans défaillance tous ces malheurs accu-
mulés en aussi peu de temps sur sa tête.

Enfin, plus tard, le temps vint où il connut,
lui aussi, les déboires et les injustices. Vers le
milieu de l'année 1873, il fut inopinément mis à
la retraite d'office. Cette mesure, qu'il eût ac-
ceptée volontiers s'il y eût été préparé, si seulement elle lui eût été annoncée à l'avance, — car
il savait parfaitement que si ses forces ne l'aban-
donnaient pas, & que si son ardeur ne se ralen-
tissait point, il était dans l'âge où l'on doit son-
ger à prendre du repos, — cette mesure, dis-je, le
frappa comme un coup de foudre ; il en fut pour
ainsi dire atterré.

Pour adoucir un peu cette sorte de disgrâce,

on le nomma inspecteur honoraire, puis délégué cantonal. Mais bientôt des jours plus sombres encore s'annoncèrent. Les sentiments religieux & essentiellement conservateurs qu'il avait toujours professés déplurent, je n'ai pas besoin de dire à qui ; à cause de cela on le trouva sans doute gênant, & malgré ses capacités, malgré les services qu'il pouvait rendre encore à l'enseignement, on l'écarta tout à fait. Quoiqu'il n'eût jamais fait que du bien aux instituteurs et à leurs élèves, on lui enleva le droit d'entrer dans les écoles ; on lui retira son mandat de délégué cantonal, comme s'il en eût été indigne. Ce dernier coup, ce dernier affront lui fut très sensible et l'affecta profondément ; il ne s'en consola jamais. Pour lui, qui avait passé sa vie au milieu des classes, ce fut un véritable crève-cœur que d'être condamné à ne pouvoir plus même y paraître.

L'instruction cependant resta jusqu'à la fin sa passion favorite. Jusqu'à ses derniers jours, il ne cessa de s'en occuper, travaillant pour lui-même & étudiant encore à quatre-vingts ans passés ! Quelle leçon, Messieurs, pour beaucoup d'entre nous ! Il y a seulement quelques semaines, il donnait encore des conseils et envoyait des directions pédagogiques aux maîtres de ses arrière-petits-enfants. Et je vous assure que ces con-

seils & ces directions valent la peine d'être mé-
dités !

Pour moi, qui admirais cette nature vraiment
supérieure, je ne saurais vous dire avec quel
profond respect je contemplais ce beau vieillard,
hier encore si vigoureux, à l'intelligence si nette
& si vive, au cœur si généreux & si noble. Hélas !
il n'est plus ! Bien qu'il fût arrivé au terme où
l'on ne peut plus compter sur de longues années,
sa belle santé laissait à sa famille & à ses amis
le doux espoir de le conserver longtemps encore. Mais Dieu en a décidé autrement, &, dans
les secrets de sa providence & de sa sagesse,
il a jugé sans doute qu'il était temps de lui
décerner la récompense due à une longue vie
toute de travail, toute d'honneur & de vertu.

Cher & vénéré M. Fosseyeux, au nom de tous
vos amis présents & absents, au nom de tous vos
anciens subordonnés, au nom de tous ces instituteurs que vous avez tant aimés et auxquels vous
avez fait tant de bien, je vous dis : Adieu, repo-
sez en paix !

Malgré la mort qui vous a arraché ici-bas à
notre affection, nous vous resterons toujours fer-
mement attachés ; votre souvenir ne s'effacera
jamais de nos mémoires et de nos cœurs ; l'exemple de votre vie tout entière restera à jamais pré-

sent à nos esprits, & nous soutiendra sans cesse dans les rudes combats de ce monde.

Si quelque chose peut tempérer l'amertume des regrets que nous cause votre perte, c'est bien l'espoir de vous retrouver un jour dans une autre patrie, car, comme vous l'étiez vous-même, nous sommes de ceux qui croient & mettent toute leur espérance en un monde meilleur. C'est pourquoi, ô vénérable ami, je vous dis en même temps : Adieu, & au revoir là-haut !...